Dieses Buch gehört

Büchersterne

Liebe Eltern,

Lesenlernen ist eine Meisterleistung. Es gelingt nur Schritt für Schritt. Unsere Erstlesebücher in drei Lesestufen unterstützen Ihr Kind dabei optimal. In den Büchern für die 1. Klasse erleichtert eine große Fibelschrift das Lesen, und der hohe Bildanteil hilft, das Gelesene zu verstehen. Mit beliebten Kinderbuchfiguren von bekannten Autorinnen und Autoren macht das Lesenlernen Spaß. 16 Seiten Leserätsel im Buch laden zu einer spielerischen Auseinandersetzung mit dem Text ein. So werden aus Leseanfängern Leseprofis!

Manfred Wespel
Prof. Dr. Manfred Wespel

Büchersterne – damit das Lesenlernen Spaß macht!

www.buechersterne.de

Mit Büchersterne-Rätselwelt

Susanne Lütje

Auf Bücherjagd mit

Verlag Friedrich Oetinger · Hamburg

Inhalt

Gleich kommt Besuch!

Otilie ist aufgeregt.
Heute kommen viele Kinder
zu Besuch.

Die erste Klasse der Grundschule
macht einen Ausflug
in die Buchhandlung.

Otilie freut sich darauf!

So viele Ohren
werden ihr zuhören.
So viele Augen
werden ihr zusehen.

Otilie kämmt sich das Fell.
Bis es glänzt.

Dann öffnet sie den Schrank.
Welchen Hut soll sie
aufsetzen?

Der hohe Hut passt am besten.
Damit sieht Otilie
großartig aus!

Na ja.
Artig vielleicht nicht.
Aber groß!

„Ich bin bereit",
sagt Otilie.

Sie springt auf das Trampolin
und rutscht mit Schwung
an der Stange
nach unten.

Genau in diesem Moment
klingelt die Glocke über der Tür.

Otilie ruft:
„Hipp, hipp, hurra!
Mein Besuch ist da!
Alles ist mit Kindern voll!
Wie schön, wie lustig und wie toll!"

Ganz viele Kinder

Es sind ganz viele Kinder
in der Buchhandlung
und ein Mann.
Die Kinder sind laut,
und der Mann ist ganz still.

Dann hebt der Mann die Arme,
und alle Kinder werden leise.

„Oh, toll", denkt Otilie.
„Ein Zaubertrick!"

Frau Rübezahl schüttelt
dem Mann die Hand und sagt:
„Mein Name ist Rübezahl.
Ich bin die Buch-Händlerin."

„Ich bin der Lehrer dieser wilden
Bande", antwortet der Mann.
„Mein Name ist Anton Vogel."

Otilie schaut sich den Mann
genau an.

„Du siehst nicht aus
wie ein Vogel",
sagt sie dann.
„Kannst du fliegen?"

Der Mann schüttelt den Kopf.

„Leider nicht."

„Dann passt dein Name
nicht zu dir",
sagt Otilie.
„Da habe ich es besser!"

„Das stimmt", sagt Frau Rübezahl.
„Darf ich vorstellen:
Das ist Otilie Leseratte!"

„Und mein Name passt wunderbar",
sagt Otilie.
„Denn ich bin eine Ratte,
und ich lese und lese und lese."

„Und du wohnst in einer
Buchhandlung",
sagt Herr Vogel.
„Was für ein Glück!"

Ran an die Bücher!

„Weil wir gerade vom Lesen
sprechen",
sagt Frau Rübezahl zu den Kindern.

„Ihr müsst hier nicht stehen
und euch langweilen."

„Nein, müsst ihr nicht!", schreit Otilie
und hüpft mit großen Sprüngen
in die Kinderbuch-Ecke.
„Ran an die Bücher!"

Die ganze Klasse rennt los.

Herr Vogel hebt einen Arm:
„Seid bitte vorsichtig!"

Das ist ein guter Rat,
denkt Otilie.
Doch sie hat
noch viel mehr
gute Tipps!

Otilie saust
zwischen den Kindern hindurch.

Sie hat die Pfoten
um die Schnauze gelegt
und ruft laut:

„Alle Bücher bitte anfassen!
Auf die Bücher bitte aufpassen!

Die Seiten nicht knicken
und auch nicht zerreißen!

Jedes Buch sanft streicheln
und nicht darauf beißen!",
ruft Otilie.

„Darf ich damit schmeißen?",
fragt ein Junge.

„Nein, nein, nein",
sagt Otilie und klettert
an einem Regal nach oben.

„Ihr dürft nicht
mit den Büchern hauen,
dürft sie nicht
futtern, mampfen, kauen!"

Otilie ist ganz außer Atem.
Sie schaut sich um:
Knabbert jemand an einem Buch
herum?

Nein. Niemand.
Die Kinder sitzen friedlich
auf dem Boden und lesen!

Babykram?

Otilie ist froh.
Sie springt von Kind zu Kind
und von Buch zu Buch.

Die meisten Bücher kennt sie
und kann davon erzählen.

„In diesem Buch gibt es
jede Menge Piraten",
sagt sie zu einem Mädchen.

„Und einen großen Sturm.
Pass auf, dass du nicht seekrank
wirst!"

„In diesem Buch kämpft ein Ritter
gegen Windmühlen",
sagt Otilie zu zwei Jungen.

„Aber ich verrate euch nicht,
wer gewinnt!"

„Was hast du denn da, Max?",
ruft ein Mädchen mit Zöpfen.

„Das ist doch ein Bilderbuch!"
Sie lacht laut.
„Das sehen sich die Zwerge
im Kindergarten an.
Was für ein Babykram!"

Ein paar Kinder kichern.

Alle schauen Max an.

Max schaut niemanden an.

Er starrt auf das Buch,

und seine Ohren werden rot.

Gut versteckt

Otilie schnaubt durch die Nase.
Sie sieht das Mädchen an
und sagt:

„Du meinst,
Bilderbücher sind was für Babys?

Ich habe selten
so einen Unsinn gehört."

Die Leseratte springt in das Buch.
Sie klopft mit der Pfote
auf ein großes Bild.

„Dieses Buch ist voller Rätsel.
Auf jeder Seite sind Sachen versteckt,
und die sind sehr schwer zu finden."

Otilie liest vor:
„Womit kann man
ein lautes Geräusch machen?"

Viele Kinder beugen sich
über das Bild und suchen.

„Es ist alles zu klein",
sagt Otilie.
„Das mache ich größer!"

Da ruft Max:

„Es ist die blaue Hupe!

Sie liegt auf dem Tisch

links neben dem Fisch."

Otilie zeigt stolz
auf den Entdecker.

„Dies hier ist Max, liebe Kinder!
Ein Sachen-Sucher und
Reime-Finder.

Das Rätsel zu lösen
war für ihn ein Klacks.
Hipp, hipp, hurra,
ein Hoch auf Max!"

Zum Abschied ein Gedicht

Otilie klettert
auf die Schulter von Max.

Mit einer Pfote hält sie sich
an seinem Ohr fest.
Mit der anderen Pfote winkt sie,
bis alle Kinder still sind.

„Alle mal herhören!", ruft Otilie.
„Jetzt kommt etwas Gutes:

Abschied ist traurig? Nein, bei mir
nicht.
Zum Abschied reime ich schnell ein
Gedicht.

Meine Gedichte sind lustig und toll
und reimen sich ganz wundervoll.

Lasst mich berichten
in schönen Gedichten,
wie herrlich es war,
was heute geschah!

Ihr kamt zu Besuch
und nahmt euch ein Buch.

Und ich war da!

Hipp, hipp, hurra,

Otilie Leseratten-Star!

Wie schön, dass es mich gibt!

Wie schön, dass ihr mich liebt!

Von all den vielen Leseratten
mit einem Hut und Hängematten
bin ich die Beste, das ist klar.

Ein Hoch auf mich,
hipp, hipp, hurra,
Otilie Leseratten-Star!"

Die ganze Klasse klatscht Beifall.
Nur Herr Vogel hält sich den Bauch
vor Lachen.

Otilie winkt zum Abschied mit ihrem
Hut.

Dabei sagt sie Max leise ins Ohr:
„Komm bald wieder zu Besuch.
Dann suchen wir ein neues Buch."

Willkommen in der

Büchersterne

Rätselwelt

Hast du Lust auf noch mehr
Lesespaß?

Die kleinen Büchersterne  haben
sich tolle Rätsel und spannende
Spiele für dich ausgedacht.
Auf der nächsten Seite geht es
schon los!

Wir wünschen dir viel Spaß!

Lösungen
auf Seite
56–57

 Dann hebt der **Mann** die Arme, und alle Kinder werden leise.

 „Dies hier ist **Max**, liebe Kinder! Ein Sachen-Sucher und Reime-Finder."

 „In diesem Buch kämpft ein **Ritter** gegen Windmühlen."

 „Dieses **Buch** ist voller Rätsel."

Büchersterne-Rätselwelt

2

4

3

1

Wort-salat

Hier sind die Wörter durcheinandergeraten. Kannst du sie ordnen?

a e t t R

<u>R a t e t</u>

B u c h h c u B

ch t d G e i

<u>G e d i c h t</u>

Frau

Rübezahl

Herr

vogel

Max

**Kennst du
meinen Namen?
Schreibe ihn auf!**

Wer
bin ich?

Satz für Satz kannst du Figuren wegstreichen. Wer bleibt übrig?

Ich bin ein Mensch.

Ich gehe in die erste Klasse.

Blond bin ich nicht.

Ich trage eine blaue Hose.

Ich halte den Riemen meines Rucksacks.

Ich bin: Max

Hängematten

Star

toll

Leseratten

Besuch

Otilie

Buch

wundervoll

beißen

schmeißen

Wie viele Reimpaare findest du?

Reime

Die erste Zahl verrät die Seitenzahl, die zweite Zahl das gesuchte Wort. Wie lautet der Lösungssatz?

13 1

_____
Wort 1

6 2

_____
Wort 2

7 3

_____
Wort 3

(32) (11) _____
Wort 4

(39) (1) _____
Wort 5

(30) (12) _____
Wort 6

Lösungssatz:

_____ _____ _____

_____ _____ _____

Im unteren Bild sind 5 Fehler. Kannst du sie alle finden?

In welche Reihenfolge gehören die Bilder?

Puzzle

**Spiel für zwei!
Wer entdeckt zuerst
4 Reimpaare?**

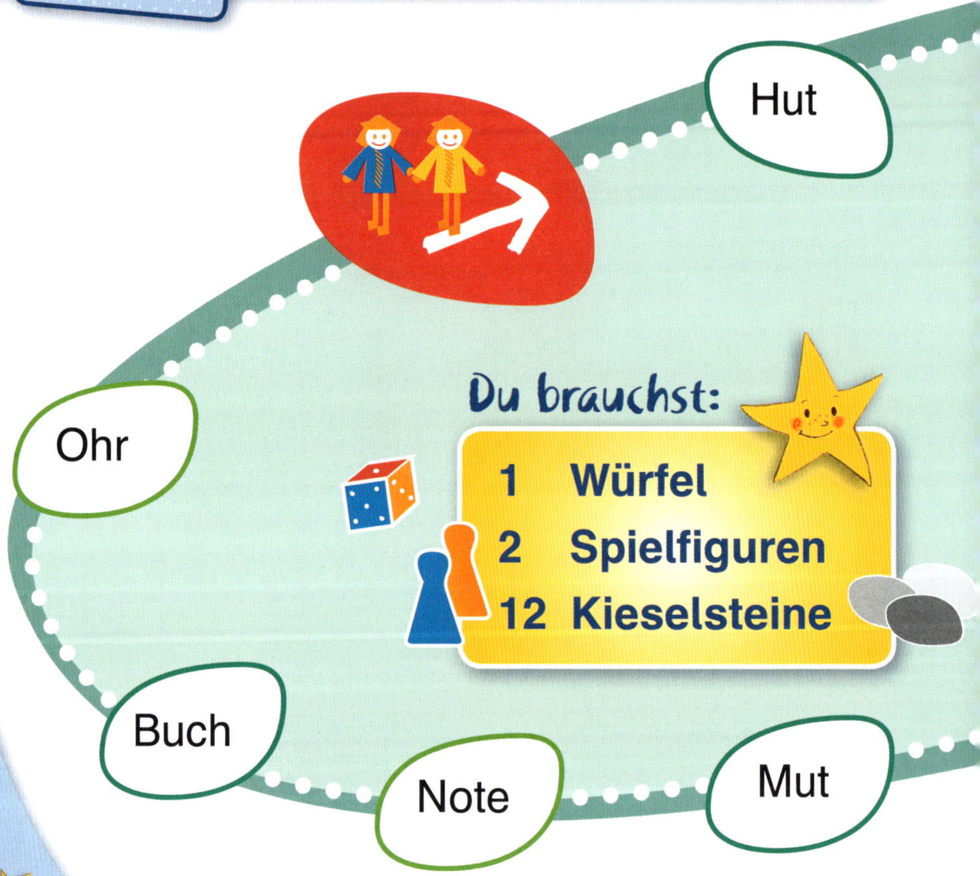

Hut

Ohr

Du brauchst:

1 **Würfel**
2 **Spielfiguren**
12 **Kieselsteine**

Buch

Note

Mut

Pfote

Tuch

Lupe

Tor

Hupe

Matte

Ratte

Legt auf jedes Feld einen Kieselstein, sodass ihr das Wort nicht sehen könnt. Würfelt abwechselnd. Nimm den Stein hoch, dann darfst du noch einen zweiten Stein hochheben. Wer findet zuerst 4 Reimpaare?

Wort-
kreuze

Findest du das Lösungswort?

		G		
	R		I	M
		D		
		I		
		C		
		H		
H	U			

	P		
	F		
	O		
A		E	M
	E		

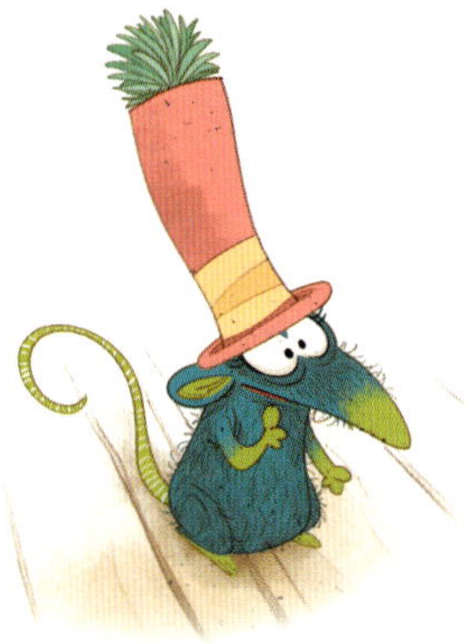

	K		
	L		
P I R		T

S

S

E

	A	
O	H	
	M	

LÖSUNGSWORT:

Seite 48–49 · Zahlencode
Otilie freut sich auf die Kinder.

Seite 50 · Fehlerbild

Seite 51 · Puzzle
4, 3, 2, 1

Seite 54–55 · Wortkreuze
RATTE

Alle Rätsel gelöst?
Hier findest du die
richtigen Antworten.

Rätsel-
Lösungen

Seite 42–43 · Bildsalat

Dann hebt der Mann die Arme,
und alle Kinder werden leise. = Bild 3

„Dies hier ist Max, liebe Kinder!
Ein Sachen-Sucher und Reime-Finder." = Bild 1

„In diesem Buch kämpft
ein Ritter gegen Windmühlen." = Bild 4

„Dieses Buch ist voller Rätsel." = Bild 2

Seite 44 · Wortsalat

Ratte
Buch
Gedicht

Seite 45 · Wer bin ich?

Frau Rübezahl, Herr Vogel, Max

Seite 46 · Leselogik

Ich bin Max.

Seite 47 · Reime

4 Reimpaare

Lesespaß für Schulanfänger

Astrid Lindgren
Ich will auch in die Schule gehen
ISBN 978-3-7891-2422-8

Paul Maar
Das Tier-ABC
ISBN 978-3-7891-2355-9

Paul Maar
Das Schul-ABC. Verse zum Mitraten und Mitreimen
ISBN 978-3-7891-1253-9

Paul Maar
Der Buchstaben-Zauberer
ISBN 978-3-7891-2372-6

Oetinger

Alle Informationen unter:
www.buechersterne.de und **www.oetinger.de**

Das didaktische Konzept zu Büchersterne
wurde mit Prof. Dr. Manfred Wespel, Pädagogische Hochschule
Schwäbisch Gmünd, entwickelt.

MIX
Papier aus verantwor-
tungsvollen Quellen
FSC® C002795

© 2018 Verlag Friedrich Oetinger GmbH,
Poppenbütteler Chaussee 53, 22397 Hamburg
Alle Rechte vorbehalten
Titelbild und farbige Illustrationen von Heiko Krischker
Einband- und Reihengestaltung von Manuela Kahnt,
unter Verwendung der Sternvignetten von Heike Vogel
Druck und Bindung: SIA Livonia Print,
Ventspils iela 50, LV-1002, Riga, Latvia
Printed 2018
ISBN 978-3-7891-0890-7

www.oetinger.de
www.buechersterne.de